www.ingramcontent.com/pod-product-compliance
Lightning Source LLC
Chambersburg PA
CBHW070101210526
45170CB00012B/679
* 9 7 8 1 5 4 6 3 3 7 0 5 8 *